AF298867

DÉPÔT LÉGAL
H.te Garonne
N.o 116
185 8

THÈSE

DE

LICENCE.

4 F
7423

ACTE PUBLIC

POUR

LA LICENCE

En exécution de l'Article 4, Titre 2, de la Loi du 22 Ventôse an XII.

SOUTENU

Par M. TATAREAU (Louis),

Né à Saint-Gaudens (Haute-Garonne).

TOULOUSE,

Typographie Troyes OUVRIERS RÉUNIS,
Rue Saint-Pantaléon, 3.

1858.

Jus Romanum.

Pro socio.

Dig. Lib. XVII, Tit. II. — Inst. Just. Lib. III, Tit. XXV.

Apud Romanos a bonorum communitate longè societas discrepabat.
Communitas enim sine ullo consensu nascitur ; at ut sit societas opor-
tet omnes partes quarum bona in commune veniunt societati assentire.
De societate nobis hìc disserendum est. Ut facilior nobis sit via, Justiniani Instituta sequemur.

In primis diversis societatis generibus et signis quibus alteræ
ab alteris distant nobis studendum est ; deindè quibus modis par-
tium conventiones modificentur quæremus ; quomodò societas solvatur
tertiò dicemus et obligationes deniquè exponemus quæ ex societatis
contractu nascuntur.

§ 1. — *De divisione societatum atque de propriis unicuique signis.*

Societas est juris gentium contractus vim habens obligationis ; ideò bonæ fidei , quo duo vel plures promittunt sibi æquabiliter distribui sive lucrum sive damnum alicujus rei vel honestæ negotiationis.

Justiniani Institutis duæ species societatum distinguntur, scilicet : *societas totorum bonorum* quæ omnia sociorum bona comprehendit, prætereaque omnia quæ honestis legitimisque viis adveniunt ; *societas alicujus* negotiationis quæ ad cujusdam mercedis emptionem et venditionem vel aliquandam aliam negotiationem attinet cui verum bona tantum quæ ex sociorum labore aut prudentia proveniunt adduntur.

Est præterea societas unius vel alicujus rei quæ intra unam vel plures certas res cedit , et denique societas vectigalis quæ jungitur quum socii vectigales redimere volunt.

Si quis unam ex his concludit societatem eam quæ placet dicere debet, nulla enim electa tenentur socii *societate universorum quæ ex quæstu veniunt vel lucri quæstus compendii*.

§ 2. — *Quibus conventis societas mutari potest.*

Quum partes in societatem coeunt convenire possunt quid lucri, quid damni cuique sociorum tribuetur; attamen antequam Justinianus in unum Juris Romani principia collexit, prudentium sententiæ differebant quum de damno ageretur.

Nunc non solum socii possunt convenire partem lucri vel damni quæ cuique tribuetur, at possunt etiam alteri curam vel lucri vel damni distribuendi jurem confidere ; at quum alterum arbitrum eligunt si partes non æqualiter distribuantur socii qui arbitrio lædentur arbitri sententiam corrigere poterunt.

§ 3. — *Quibus modis solvitur societas.*

Nunc nobis disserendum est quibus modis societas solvitur, secundum Justiniani Instituta: 1º Si unus sociorum renuntiaverit societati, solvitur, quia tantum subsistere potest donec omnes socii in eodem consensu perseveraverunt. Attamen jurisconsulti quidam putabant necesse esse ut societas finiret omnes socios dissolutioni assentire, quia quod omnium assensu instituitur, tantum eodem omnium assensu destrui potest.

Morte quoque sociorum solvitur societas. Quum enim socium nobis adhibemus illi maxima fiduciæ indicia concedimus, itaque cogi non possumus ut socium ignotum vel cui non confidemus accipiamus.

Societas adhuc solvitur quum causa non est.

Adhuc si universa sociorum bona publicentur quia publicatione bonorum civis Romanus jure civitatis orbatur et pro mortuo habetur. Denique societas finitur quum socius mole debiti oppressus universa bona vendidit aut creditoribus cessit propter privata vel publica debita.

Societas enim ad lucrum quod ex bonis gestis provenit sæpissimè tendit; itaque omnes socii quibusdam bonis frui posse debent. Attamen non idem fit quùm socius sic bonis orbatus non bonorum, sed tantùm solertiæ et laboris causa in societate acceptus est. Tunc enim nullum fert damnum societas.

§ 4. — *De societatis obligationibus.*

Quùm societas *totorum bonorum* est, obligationes et onera quorumque sociorum incumbunt societati, nam omnibus fruitur bonis; societas autem alicujus rei omne lucrum vel damnum quod ex negotio oritur comprehendit. — Ex societatis contractu nascitur mutua obligatio, ex quâ actio pro socio oritur, quæ directa dicitur et quâ quisque socius alterum in judicium vocare potest. Actione pro socio dùm stat societas aliquandò sæpissimè autem quùm dissoluta est partes utuntur ad dissolvendam.

Prudentes Romani de quo tenerentur socii disseruerunt. In omnibus bonæ fidei contractibus damnum quod ex dolo scilicet ex certo consilio nocendi oritur elui debet, at nemo tenetur casu nec vi.

Socii igitur dolo obligantur ; quid de culpâ et de culpâ minimâ dicam ? Secundùm omnes jurisconsultos socii tantùm diligentia quâ in suorum bonorum administratione utuntur tenentur. Itaque tantùm suâ obligatur negligentiâ ; nam socium suum qui illi confidit et ut bonum patrem familias habet fefellit. At non *culpâ levi* socii tenentur , nam qui socium negligentem elegit tantùm sibimetipsi imprudentiam imputare debet.

Code Napoléon.

De l'interdiction et de la nomination d'un conseil judiciaire.

La majorité de l'homme est fixée à vingt-un ans ; à cet âge on est capable de tous les actes de la vie civile , à l'exception du mariage , à l'égard duquel la minorité se prolonge jusqu'à vingt-cinq ans. A part cette restriction , la loi n'impose plus à l'homme d'autre tuteur que les règles qui régissent ses égaux. Il est dégagé des liens de toute autre puissance , sauf le respect qu'à tout âge il doit à ses père et mère.

Cependant, quoique majeur de vingt-un ans, il arrive quelquefois qu'il est incapable de se gouverner lui-même et d'administrer ses biens. Sa raison , en effet , peut, par suite des infirmités attachées à la nature humaine, se perdre ou se troubler. Privé de l'exercice de ses facultés intellectuelles, il ne doit pas conserver l'exercice de ces mêmes droits , que son âge lui donne dans toute leur plénitude. Inhabile aux actes de la vie civile , il compromettrait ses propres intérêts et la confiance de sa famille , si on lui laissait la liberté de ses actes.

La loi vient alors à son secours , et la justice , en connaissance de cause , pourra le réduire à la condition d'un mineur; c'est là ce qu'on appelle l'*interdiction*.

L'interdiction est donc l'acte par lequel la justice interdit à l'homme devenu majeur , mais privé de la raison , l'exercice des actes de la vie civile , dont son âge le rendait capable, pour le réduire à la condition d'un mineur.

L'interdiction est encore l'état auquel l'interdit se trouve réduit.

CHAPITRE 1er.

De la poursuite en interdiction.

SECTION Ire.

Des causes qui peuvent amener l'interdiction.

La loi admet trois causes d'interdiction : imbécilité , démence et fureur, lorsque cet état est habituel chez la personne qu'on veut faire interdire, alors même qu'il y aurait des moments lucides. Le Code a rejeté une quatrième cause reconnue par l'ancienne jurisprudence, la prodigalité.

L'art. 489 étant essentiellement restrictif, il n'est pas permis d'étendre ses dispositions par analogie ; on doit rester dans les cas prévus. Or , la prodigalité ne se trouvant pas énoncée dans l'article ci-dessus , ne doit pas être reconnue comme cause suffisante d'interdiction , et nous nous occuperons seulement de l'imbécilité , de la démence et de la fureur.

L'imbécilité est l'état de l'individu atteint de cette faiblesse d'esprit qui ne lui permet pas de gouverner sa personne et ses biens , quoique sa raison ne soit pas entièrement perdue.

La démence est l'état de celui qui est habituellement privé de l'usage de sa raison.

La fureur est l'état de démence porté au plus haut degré ; elle inspire à l'homme, qui en est atteint, des actions dangereuses.

Ce n'est pas sur quelques faits isolés, qui auraient le caractère de l'un des éléments constitutifs de l'interdiction, qu'une personne pourrait en subir les effets. Il faut que ces faits se reproduisent habituellement. Une maladie, une passion violente peuvent égarer l'esprit le plus lucide, et il serait injuste de faire interdire un homme pour quelques actes de fureur ou de folie. Mais lorsque la raison ne se montre plus qu'à de rares intervalles, il y a un état habituel de démence, et c'est là le cas de l'interdiction.

Remarquons cependant que, si l'état de démence doit être habituel, il n'est pas nécessaire qu'il soit continu ; les personnes attaquées de la folie la plus véhémente ont des intervalles lucides, pendant lesquels leur raison jouit de toutes ses facultés ; mais la loi n'a pas validé des actes faits dans de tels moments, et on en trouve la cause dans la difficulté qu'auraient présentée les recherches sur la sanité ou l'insanité de l'individu lors de ces actes. Le texte précis et absolu de la loi prévient toutes ces difficultés, et tout acte fait pendant l'interdiction, est radicalement nul.

L'interdiction privant le citoyen de ses droits, ne doit être provoquée qu'avec la plus grande réserve ; elle ne doit être prononcée que dans l'intérêt de celui qui est en état d'imbécilité ou de démence ; s'il n'en est pas de même pour le furieux, c'est qu'alors l'ordre public est menacé.

Ici se présente la question de savoir si un mineur doit être interdit. Tout d'abord il semble que non, et que la tutelle est là pour sauvegarder ses intérêts, puisqu'elle produit à peu près les mêmes effets que l'interdiction. Il peut cependant être utile de provoquer cette mesure à l'égard d'un mineur non émancipé dans la dernière année de sa minorité. L'on parvient ainsi à déjouer les artifices de ceux qui n'attendent la majorité du mineur que pour lui faire ratifier les actes faits pendant sa minorité. C'est à cette considération qu'il faut attribuer le rejet de la proposition suivante faite au conseil d'Etat : » La provocation en interdic-

» tion n'est pas admise contre les mineurs non émancipés ; contre les
» mineurs émancipés elle l'est »

On pourrait donc les interdire lorsqu'à une époque qui touche à leur
majorité, ils se trouvent dans une des conditions énoncées plus haut.
Cela résulte en outre de la combinaison des art. 174 et 175 du Code
Napoléon. Nous voyons le tuteur, avec autorisation du conseil de famille, pouvoir s'opposer au mariage de son pupille, s'il est en démence,
à la charge par lui de provoquer l'interdiction. Cette interprétation est
d'ailleurs confirmée par M. Emmery, rapporteur au conseil d'Etat, qui
faisait observer qu'une personne peut être en tutelle lors de son interdiction.

Section II.

Quelles personnes peuvent provoquer l'interdiction ?

Tout parent est recevable à provoquer l'interdiction de son parent ; il
en est de même d'un époux à l'égard de l'autre ; le procureur impérial
a aussi ce droit, mais il y a une distinction à établir. Dans le cas de démence ou d'imbécilité, la loi n'accorde au procureur impérial le droit de
poursuivre l'interdiction que s'il n'y a pas de parents connus ; elle n'a
pas voulu que, par un zèle intempestif, il puisse nuire à une famille.
Si, au contraire, l'état de fureur est constant, et que la famille ne prenne
pas les mesures nécessaires, le procureur impérial doit provoquer cette
interdiction. Il a même qualité, aux termes du présent article et de
l'art. 894 du Code de Procédure, pour interjeter appel du jugement qui
prononce la main levée d'une interdiction qu'il a provoquée. Il pourrait
encore interjeter appel, si l'interdiction avait été provoquée par la famille,
pour cause de fureur.

Section III.

De la procédure en interdiction.

Toute demande en interdiction sera portée devant le tribunal de première instance du domicile de la personne qu'on veut faire interdire. Elle est introduite sans préliminaires de conciliation , par une requête présentée au président du tribunal, dans laquelle sont énoncés les faits d'imbécilité , de démence et de fureur. On y joint les pièces justificatives qui peuvent prouver l'égarement de sa raison ; les procès-verbaux qui constatent les actes commis dans sa fureur ; on y indique des témoins.

Le président ordonne les communications de la requête au ministère public, et commet un juge pour faire le rapport au jour indiqué. (Code de Procédure, 891.)

Après l'audition de ce rapport et sur les conclusions du ministère public , le tribunal peut, sans plus ample instruction , rejeter la demande en interdiction , si ses motifs ne lui paraissent pas fondés ; si , au contraire , le tribunal pense qu'il y a lieu de donner suite à la requête , il ordonne que le conseil de famille sera convoqué pour donner son avis sur l'état de la personne dont l'interdiction est réclamée. (C. Nap. , 891-892). Ceux qui auront provoqué l'interdiction ne pourront faire partie du conseil de famille ; cependant l'époux ou l'épouse et les enfants de la personne dont l'interdiction sera provoquée pourront y être admis, sans y avoir voix délibérative.

Les époux et les enfants ont-ils voix délibérative lorsqu'ils n'ont pas provoqué l'interdiction ? Quelques auteurs la leur refusent aussi dans ce cas ; je n'en vois pas la raison. Il faudrait pour cela une disposition expresse de la loi ; d'ailleurs , puisqu'il leur est permis de demander eux-mêmes l'interdiction , on ne doit pas redouter que la crainte et le respect ne les induisent à une appréciation contraire aux véritables intérêts de la personne dont on poursuit l'interdiction.

Le conseil de famille procède d'après la forme ordinaire ; il peut , s'il le juge utile , entendre, avant de donner son avis, soit le défendeur, soit le demandeur en interdiction. On doit , en effet, lui permettre de s'éclairer par tous les moyens qu'il peut avoir à sa disposition.

Si le conseil de famille est d'avis de rejeter la demande en interdiction, celui qui l'a provoquée pourra-t-il se pourvoir contre la délibération ? Je pense que oui; d'après les termes de l'art. 883 du Code de Procédure ainsi conçu : « Le subrogé tuteur ou curateur , même les membres du » conseil assemblés, peuvent se pourvoir contre les délibérations du con- » seil de famille. »

Si le conseil est d'avis d'interdire, le poursuivant présente une requête au président du tribunal pour faire fixer le jour et l'heure de l'interroga- toire , et avant qu'il y soit procédé , il fait signifier au défendeur copie, tant de l'ordonnance rendue à ce sujet, que de la requête introductive des pièces annexes , et de l'avis du conseil de famille, afin qu'il puisse pré- parer ses réponses.

Le tribunal interrogera alors le défendeur dans la chambre du conseil. S'il ne peut s'y présenter , il sera interrogé par l'un des juges , assisté du greffier. Le procureur impérial doit , dans tous les cas , être présent à l'interrogatoire. Les biens , la famille , les dépenses , l'administration de sa fortune , tels sont les sujets ordinaires des questions qui doivent être posées ; la loi n'a d'ailleurs rien précisé à cet égard.

Après le premier interrogatoire, le tribunal , sur les conclusions du ministère public , commettra, s'il y a lieu , un administrateur provisoire pour prendre soin de la personne et des biens du défendeur. Ce n'est que dans le cas de nécessité ou d'urgence, qu'on doit ainsi autoriser un tiers à s'immiscer dans les affaires du défendeur.

Si ce dernier a été entendu dans la chambre du conseil , le tribunal peut d'office , ouï le procureur impérial , nommer de suite l'administra- teur provisoire. Si le défendeur a été entendu dans sa demeure, l'adminis- trateur provisoire est nommé sur le rapport du juge commis à l'interroga- toire, toujours sur les conclusions du ministère public.

Le surplus de l'instruction est fait dans les formes ordinaires. Il faut assigner le défendeur et lui donner, en tête de son assignation , copie de son interrogatoire et des autres pièces.

Si les preuves ne sont pas suffisantes pour constater la démence, le tribunal peut ordonner un deuxième interrogatoire. Si les faits peuvent être justifiés par témoins, il peut ordonner une enquête contradictoire , qui se fait dans les formes ordinaires , si ce n'est que le tribunal peut ordonner que l'enquête sera faite hors la présence du défendeur. Dans ce cas cependant celui dont on demande l'interdiction peut être représenté par son conseil.

Le jugement sur une demande en interdiction ne pourra être rendu qu'en audience publique, les parties entendues ou appelées, et ouï le ministère public.

Le tribunal, tout en rejetant la demande en interdiction, peut néanmoins, si les circonstances l'exigent, ordonner que le défendeur ne pourra désormais plaider, transiger, emprunter, recevoir un capital mobilier, etc., etc., sans l'assistance d'un conseil qu'on lui nommera par le même jugement.

Si l'interdiction est prononcée, l'appel n'est accordé qu'au défendeur, et il est dirigé contre le provoquant. Si l'interdiction est refusée, l'appel appartient non-seulement au demandeur, mais encore à tout membre du conseil de famille ; il est dirigé contre le défendeur.

En cas d'appel, la cour peut, si elle le juge convenable, procéder à un nouvel interrogatoire, ou même y faire procéder par un juge étranger. Elle peut même nommer un juge de paix, si besoin est. La loi n'exige pas la présence du procureur général.

Comme l'interdiction produit son effet du jour du jugement (502), on a voulu que tout jugement d'interdiction, même quand il y aurait appel, soit par les soins du demandeur, levé, signifié à partie et inscrit dans les dix jours chez le notaire de l'arrondissement, ou du moins que la copie en soit signifiée au secrétaire de la chambre, sous peine d'amende pour les officiers ministériels, s'ils ne le font pas afficher.

CHAPITRE II.

Des effets de l'interdiction.

L'interdiction prononcée rend l'interdit incapable des actes de la vie civile ; elle l'assimile au mineur non émancipé (502, 509), elle le rend par conséquent incapable de gouverner sa personne et ses biens.

SECTION Ire.

Incapacité de l'interdit.

L'incapacité de l'interdit est inscrite dans de nombreuses dispositions qu'il est bon de rappeler.

L'interdit comme le mineur est privé de l'exercice de ses droits politiques ; il est représenté par son tuteur dans tous les actes de la vie civile (450) ; le domicile des deux est chez leur tuteur (108) ; ils sont incapables de contracter, mais cette incapacité, qui leur est personnelle, ne peut leur être opposée par les tiers (1125). Cependant, comme on ne peut s'enrichir au détriment d'autrui, le mineur et l'interdit qui feront annuler leurs engagements, seront obligés de restituer les sommes reçues, s'il est prouvé qu'elles ont tourné à leur profit. (1312. Cod. Nap.)

Les successions échues, soit au mineur, soit à l'interdit, ne peuvent être acceptées par leur tuteur, sans l'autorisation du conseil de famille, et seulement sous bénéfice d'inventaire (461, 776) ; il en est de même pour l'acceptation des donations. Il est encore un grand nombre de cas qui prouvent la similitude des deux positions.

Les mineurs cependant sont plus favorisés que les interdits ; en effet le mineur peut se marier avec le consentement de ses ascendants ou du conseil de famille (148). L'interdit pendant toute la durée de son interdiction ne peut se marier. Le mineur, âgé de seize ans accomplis, peut par testament disposer de la moitié des biens dont il pourrait disposer s'il était majeur (904). Le mineur, assisté de son tuteur et de ceux qui doivent consentir au mariage, peut donner tout ce que la loi permet à l'époux majeur de donner à son conjoint (1095, 1309, 1398.) Nous voyons que l'interdit ne pouvant se marier est privé de cette faculté. Il ne peut être tuteur ni membre d'un conseil de famille (442) ; le mineur est tu-

teur de ses enfants : les actes faits par le mineur lui-même et en dehors de sa capacité ne sont résolubles que pour cause de lésion : *restituitur
non tanquam minor sed tanquam lesus ;* l'interdit, lui, n'a à prouver qu'une
chose, c'est que les actes ont été consentis pendant son interdiction.

Les incapacitités du mineur, avons-nous dit plus haut, ne produisent
que des nullités relatives qui ne peuvent être opposées par des personnes
capables de s'engager, qui ont contracté avec lui. A ne consulter que
l'art. 502 qui porte « tous actes passés par l'interdit sont nuls de droit »,
on dirait qu'il n'en est pas ainsi de l'interdit. Ces expressions, nuls de
droit, prises à la lettre, signifieraient, au contraire, que les actes qui
émanent d'un interdit sont nuls, absolument inexistants. Ce n'est pas là
la pensée de la loi ; les actes de l'interdit ne sont pas nuls et inexistants,
ils sont annulables (art. 1125-1304). Il faudra donc faire prononcer la
nullité par les tribunaux, qui ne statueront qu'en connaissance de cause,
et dans le délai de dix ans, à compter de la main levée de l'interdiction,
ou de la mort de l'interdit ; après ce délai la nullité est couverte. (1304
Code Nap.).

L'incapacité de l'interdit ne date pas du jugement qui prononce l'interdiction, mais de l'état de celui contre qui elle est provoquée, et que la
nature avait rendu d'avance incapable de contracter, en le privant de sa
raison ; le jugement n'est que déclaratif d'un fait préexistant. Son effet
doit donc naturellement se porter sur le passé, et remonter au temps où
la cause d'incapacité a commencé, c'est-à-dire où l'interdit est tombé en
démence.

La loi établit cependant une différence essentielle entre les actes consentis depuis le jugement et ceux consentis avant ou pendant l'instance.
A l'égard des premiers, leur nullité est prouvée par l'Interdiction ; elle
est de plein droit 502), ce n'est qu'une question de date.

Il n'en est pas de même des actes faits antérieurement à la demande en
interdiction. Ils sont présumés valables, jusqu'à preuve du contraire qui
reste à la charge du demandeur en nullité (503). Ces actes peuvent avoir
été passés dans un temps où l'interdit jouissait de l'exercice de toutes ses
facultés. Ils peuvent aussi avoir été conclus depuis que l'interdit avait

perdu la raison ; on ne pouvait donc de prime abord les déclarer nuls ni les déclarer valables ; il a fallu en laisser l'appréciation aux magistrats , qui doivent juger d'après les faits et les circonstances.

Les actes faits par un interdit sont donc nuls, s'ils sont postérieurs à l'interdiction ; ils peuvent être annulés , si les causes de l'interdiction existaient d'une manière notoire antérieurement à l'époque où ces actes ont été passés.

Celui qui contracte avec un individu en démence est un homme de mauvaise foi ; cependant cette démence ou toute autre cause d'interdiction a pu exister sans être généralement connue , et d'ailleurs l'homme en dé-mence peut avoir des moments lucides. C'est donc à ceux qui attaque-ront les actes d'un interdit avant son interdiction à prouver non-seule-ment que la cause de l'interdiction remonte à cette époque , mais encore qu'elle était notoire. Cette notoriété peut être prouvée par tous les gen-res de preuve admis en justice ; au [défendeur de prouver le contraire. Le juge n'est pas lié par le résultat des enquêtes , aucune exception n'est apportée à cette règle générale en ce qui concerne l'interdiction.

Les art. 502 et 503 supposent que l'interdiction a été prononcée con-tre une personne vivante. La loi prévoit ensuite le cas où la personne serait décédée. Si la mort ne permet plus de poursuites en interdiction , elle ne met pas à l'abri de toute attaque les actes antérieurs au décès , mais, dans ce cas , elle veut que la preuve de la démence résulte de l'acte même qui est attaqué. Elle a voulu punir la négligence des héritiers en repoussant une demande tardive, dont la légitimité ne peut être constatée par la preuve la plus naturelle : l'interrogatoire de la personne prétendue en démence.

Si cependant cette personne était morte pendant la procédure en inter-diction , cette peine pourra être prononcée , ceux qui la poursuivent ne pouvant souffrir des lenteurs de la justice.

Ici doit se trouver une question fort délicate et fort controversée. La prohibition de l'art. 504 s'applique-t-elle à toute espèce d'actes , c'est-à-dire aux donations entre-vifs et aux testaments? En d'autres termes , si une donation ou testament a été fait, pourra-t-on être admis à prouver , contrairement à l'art. 504, que le donateur ou le testateur n'était pas sain d'esprit au moment où l'acte a été fait.

Je crois devoir me décider pour l'affirmative, conformément à l'opinion de la Cour suprême. En effet, l'art. 901 C. Nap. dit que pour faire une donation, il faut être sain d'esprit. Le législateur, et c'est au reste l'opinion la plus généralement reçue, a voulu établir une dérogation au principe posé par l'art. 504. Je puise ma raison de décider dans un argument historique ; lorsque cet article fut présenté au Conseil d'Etat, il était ainsi conçu : « Il faut être sain d'esprit pour faire une donation ou un tes-
» tament. Ces actes ne peuvent être attaqués que dans les cas de la ma-
» nière prescrite par l'art. 504. » Ce dernier alinéa fut l'objet des critiques de Cambacérès ; retranché sur ses observations, et on ne laissa que la première partie. Nous concluons avec notre savant professeur, M. Delpech, que la règle posée par l'art. 504 n'est pas applicable aux donations et aux testaments, qu'on pourra être admis à prouver que le donateur ou le testateur se trouvait en démence au moment de la donation ou du testament, et, par suite, qu'il est permis de faire annuler les actes qu'ils auraient contractés.

SECTION II.

De la tutelle des interdits.

L'interdit, de même que le mineur, doit être mis en tutelle ; cette tutelle est régie par les mêmes règles que celle des mineurs.

Tout interdit, même celui qui a son père et sa mère, doit recevoir un tuteur ; la loi ne distingue pas.

Le Code n'a pas étendu au cas de l'interdiction la tutelle, soit naturelle, soit légitime des ascendants ; elle est toujours déférée par le conseil de famille (505).

La seule exception prévue par l'art. 506 est relative au mari, qui, de plein droit, est tuteur de sa femme interdite. La loi donne au mari

3

l'administration des biens personnels de sa femme (1428) ; elle est obligée de le suivre partout où il veut aller , et ne doit pas avoir d'autre domicile que le sien. Une pareille puissance serait incompatible avec l'autorité d'un tuteur , et le mari est de droit tuteur de sa femme interdite (506).

La tutelle n'est pas réciproquement donnée à la femme ; elle est , on le sait , incapable d'autre tutelle que de celle de ses enfants. Le Code lui a cependant accordé la faveur de pouvoir être choisie par le conseil de famille , pensant bien que l'état de son mari ne pouvait que rendre plus clairvoyante l'administration de la femme ; elle a un recours contre le conseil de famille , si elle était lésée par ses décisions.

Si elle est nommée tutrice , elle a l'administration des biens de son mari ; mais elle n'a pas le droit de vendre , d'hypothéquer , etc. , etc.

A quel moment peut être nommé le tuteur de l'interdit ? Cette nomination ne peut en principe avoir lieu avant l'expiration des huit jours qui suivent le jugement, puisque pendant ce délai l'appel n'est pas permis (Proc. 449-450). Mais dès l'expiration de cette huitaine, si le jugement n'a pas été frappé d'appel , le conseil de famille peut procéder à la nomination du tuteur.

Si l'appel est formé après la nomination, le tuteur ne doit pas s'immiscer dans la tutelle, ses pouvoirs se trouvant en suspens et subordonnés au résultat de l'appel. Le Tribunal de première instance charge l'administrateur provisoire de veiller sur les intérêts en litige.

Mais si l'appel a été formé avant la nomination du tuteur, on ne peut procéder à cette formalité qu'après l'arrêt de la Cour Impériale.

La tutelle des interdits n'a pas d'autre fin que la mort ou la reprise de leurs facultés. La loi n'a pas voulu qu'une charge qui est gratuite restât si longtemps à grever le tuteur ; elle l'en a déchargé après dix ans d'exercice. Elle a laissé la tutelle pendant toute leur vie aux parents qui ne font que remplir un devoir de la nature, qu'on ne peut regarder comme un fardeau.

La nomination d'un tuteur fait cesser les fonctions d'un administrateur provisoire , qui doit rendre ses comptes au tuteur dès le début de l'exercice de ce dernier.

La loi laisse au conseil de famille l'autorisation d'apprécier si la fortune de l'interdit lui permet d'être soigné chez lui ou dans une maison de santé. Elle veut que tous les revenus de l'interdit soient employés à l'amélioration de son état ; les dépenses de luxe ne doivent pas lui être refusées.

Le tuteur de l'interdit est chargé de la personne de ce dernier et de ses intérêts ; mais la question de mariage , de donation , doit être réglée par le conseil de famille, dont la décision est soumise à l'homologation du tribunal , ouï le ministère public ; et ce n'est pas là une vaine formalité , car il pourrait très-bien arriver sans cela que le conseil de famille voulût abuser des droits que la loi lui a confiés.

SECTION III.

Cessation de l'interdiction.

L'art. 512 est ainsi conçu. « L'interdiction cesse avec les causes qui
» l'ont déterminée ; néanmoins la main levée ne sera prononcée qu'en
» observant les formalités prescrites pour parvenir à l'interdiction , et
» l'interdit ne pourra reprendre ses droits qu'après le jugement de main
» levée. »

Le respect de la chose jugée, et plus encore la sûreté publique, exigent que l'interdiction soit abrogée par les mêmes formalités qui l'avaient constituée. Le conseil de famille doit donner son avis , les témoins être entendus et l'interdit interrogé.

Remarquons cependant que la loi ne dit pas que la main levée ne peut être demandée que par les personnes qui ont qualité pour provoquer l'interdiction ; nous devons en conclure naturellement que l'interdit peut agir pour lui-même. Le mauvais vouloir de sa famille pourrait en effet le faire rester dans un état que ne justifierait pas sa raison.

CHAPITRE III.

Du conseil judiciaire.

La loi autorise la justice à donner à certains individus une ou plusieurs personnes sans l'assistance desquelles ils ne peuvent plaider ni aliéner leurs biens. C'est ce qu'on nomme un conseil judiciaire. L'art. 513 du Cod. Nap. est ainsi conçu. « Il peut être défendu aux prodigues de plai-
» der, de transiger, d'emprunter, de recevoir un capital mobilier et d'en
» donner décharge, de grever ou d'aliéner leurs biens, d'hypothéquer
» sans l'assistance d'un conseil qui leur est nommé par le tribunal. »

Plaçons également sous les yeux la disposition de l'art. 499, que j'ai déjà eu l'occasion de citer. « En rejetant la demande en interdiction,
» le tribunal pourra néanmoins, si les circonstances l'exigent, ordon-
» ner que le défendeur ne pourra désormais plaider, transiger, em-
» prunter sans l'assistance d'un conseil qui lui sera nommé par le même
» jugement. »

D'après ces deux articles nous voyons que la nomination d'un conseil judiciaire peut être provoquée en deux cas : 1º Lorsqu'un homme, sans être absolument en démence, est néanmoins d'un caractère et d'une raison trop faible pour conduire seul ses affaires. 2º Dans le cas de prodigalité.

Il est impossible d'indiquer d'une manière précise, les cas où, sans qu'il soit besoin de faire interdire, il suffit de la nomination d'un conseil judiciaire. On en a laissé l'appréciation aux tribunaux. La prodigalité non plus ne peut être clairement définie. D'après Ulpien, le prodigue est celui qui ne met ni fin ni mesures à ses dépenses, qui dissipe son bien en ces sortes de profusions qu'on appelle folie.

Il faut se garder de confondre le prodigue avec le libéral ; le premier ne fait profiter la société d'une manière utile, d'aucune de ses dépenses ; le second au contraire n'use de sa fortune que pour le bien de ses semblables.

La nomination d'un conseil judiciaire n'amène pas de changemens dans l'état de la personne qui y est soumise ; elle continue d'exercer ses droits civils et politiques, elle est seulement assujettie à prendre pour certains actes l'avis du conseil qui doit la prémunir contre les surprises dont elle pourrait être victime.

Quelles sont les personnes qui peuvent provoquer la nomination d'un conseil judiciaire, et quelles sont les formalités pour arriver à ce résultat? La défense de procéder à certains actes sans la nomination et l'assistance d'un conseil peut être provoquée par tous ceux qui ont le droit de demander l'interdiction ; leur demande doit être instruite et jugée de la même façon, elle doit être levée avec les mêmes formalités.

Aucun jugement en matière d'interdiction et de nomination de conseil judiciaire, ne peut être rendu, soit en première instance, soit en appel, que sur les conclusions du ministère public.

L'art. 518 énumère les actes dans lesquels le demi-interdit a besoin de l'assistance du conseil judiciaire, les juges ne peuvent rien ajouter ou retrancher. Pour lui, l'incapacité est donc l'exception, la capacité le droit commun; d'où l'on peut conclure qu'il peut faire son testament, se marier ; seulement, pour les conventions matrimoniales il lui faudra l'assistance du conseil; car à lui seul il ne peut pendant sa vie disposer de ses biens et de ses capitaux. Le seul régime qui lui soit permis, est celui de la séparation de biens. Quant à l'hypothèque qui pèse sur les biens du mari au profit de sa femme (2121), la femme du prodigue la conserve toujours: c'est-à-dire encore que le mariage ait eu lieu sans l'assistance du conseil, car cette hypothèque est légale et rien ne peut l'enlever.

Si des actes, où l'autorisation du conseil judiciaire est nécessaire, ont été faits sans son concours, ils sont annulables. Quant aux actes antérieurs, ils rentrent dans le droit commun et sont alors inattaquables.

Je crois avec d'Argentré, que les actes passés pendant la litispendance devraient être annulés, s'ils étaient faits au profit d'un homme qui aurait eu connaissance de la demande en interdiction.

QUESTIONS.

1º Peut-on poursuivre soi-même son interdiction?

2º L'individu soumis à un conseil judiciaire peut-il être tuteur?

Procédure Civile.

De la procédure du faux. — Incident à partir du jugement qui admet les moyens de faux.

Quoique le sujet de la thèse soit restreint à cette partie de la procédure qui commence au jugement qui statue sur les moyens de faux , il convient cependant, pour en saisir l'enchaînement et l'objet, de rappeler quelques dispositions législatives.

L'acte authentique fait pleine foi des conventions qu'il renferme et des faits qu'il constate entre les parties contractantes et leurs héritiers. (Code Nap. , 1319).

Ce n'est là cependant qu'une prévention qui doit céder à la preuve contraire. Mais la loi ne pouvait laisser à l'arbitraire le soin d'admettre et de régler les moyens de rapporter cette preuve.

Deux voies sont ouvertes à celui qui veut détruire la foi due à un acte authentique, ou l'acte authentique lui-même : l'action en faux principal, et l'action en faux incident civil.

La manière d'introduire et de poursuivre la première action est réglée par le Code d'Instruction Criminelle ; la deuxième l'est par le Code de

Procédure Civile , et c'est de celle-ci seulement que nous devons nous occuper.

Le faux incident civil est la voie prise par une partie pour faire rejeter d'un procès comme fausse ou falsifiée une pièce produite dans le cours d'une instance civile.

Cette procédure n'a pas pour objet d'arriver à la constatation d'un crime et à la punition d'un faussaire , mais bien d'établir la fausseté d'un acte.

Pour celui qui s'est pourvu en faux incident civil , il n'est qu'une chose importante , c'est le rejet dans l'instance déjà engagée d'une pièce qui lui est opposée. Aussi cette action est-elle admissible , alors même que le faussaire serait mort ou que l'action publique serait prescrite.

Ici se présente la question de savoir s'il est indispensable à l'admission d'une instance en faux incident civil, qu'elle soit engagée accessoirement à une instance déjà pendante, ou, en d'autres termes, si elle peut être engagée par action principale.

Cette question , qui est très délicate et très controversée , se trouve en dehors de notre thèse , qui suppose qu'un jugement est déjà intervenu pour admettre l'inscription de faux. Nous n'émettons pas notre opinion, nous bornant à rappeler que notre honorable professeur , M. Chauveau , prétend qu'on ne peut engager une action en faux incident civil que lorsque l'instance est déjà commencée.

Ce qu'il importe de rappeler , c'est que le porteur de la pièce arguée de faux n'a rien à prouver; cette pièce est présumée sincère jusqu'à la preuve contraire qui reste à la charge du demandeur.

Gardons-nous de croire cependant que la procédure en faux incident civil doive être ordonnée par cela seul qu'elle est demandée ; les tribunaux doivent avant tout apprécier si la pièce peut être utile à la solution du litige qui leur est soumis , et si les faits déjà établis rendent vraisemblable la sincérité de la pièce arguée de faux ; enfin quels éléments de conviction peuvent sortir de la pièce offerte si elle est rapportée, s'il y échet, dit l'art. 214 C. P. Il est même à noter que l'exécution de l'acte n'est suspendue qu'autant que le juge le trouve convenable. (1219 C. N.).

Cela posé, il faut admettre : 1o que la pièce arguée de faux a été signifiée déjà et communiquée ou produite dans une intance introduite devant les tribunaux ordinaires.

2o Que celui qui l'a produite, sommé de déclarer s'il veut en faire usage, a répondu affirmativement ; qu'un jugement est alors intervenu qui a admis l'inscription en faux et nommé le juge-commissaire devant lequel la procédure sera poursuivie.

3° Que la pièce arguée de faux a été déposée au greffe du tribunal et que le juge-commissaire a dressé un procès-verbal descriptif de son état en présence du Procureur Impérial, du demandeur et du défendeur, ou de leurs fondés de pouvoir munis de procurations spéciales et authentiques.

Qu'enfin, ils ont tous paraphé les pièces ou minutes, ou que mention soit faite des motifs qui ont amené les refus de ceux qui n'ont pas signé.

C'est lorsque les choses sont arrivées à ce point et huit jours après le procès-verbal dressé par le juge-commissaire, que le tribunal statue sur l'admission des moyens de faux, qui ne sont autre chose que l'énonciation des faits, circonstances et preuves par lesquels le demandeur en inscription de faux prétend établir le faux ou la falsification de la pièce produite (voir l'art. 229 Cod. de Proc.)

Le tribunal fixe et désigne dans son jugement les moyens de faux dont la preuve est admise, et il ne sera fait preuve d'aucun autre moyen.

Si cependant parmi les moyens de faux proposés, il en était qui ne dussent pas rentrer dans l'inscription de faux, mais qui pussent être utiles au jugement du fond du procès, le tribunal ordonnera qu'ils seront joints à la cause ou au procès principal.

Les moyens de faux une fois désignés et admis, la preuve en est faite tant par titres que par experts et témoins.

Les règles à suivre pour ces procédures sont tracées dans des chapitres particuliers.

L'instruction terminée , l'audience sera poursuivie par un simple acte d'avoué à avoué.

Dans les questions que nous venons de traiter , le litige était renfermé dans les limites de l'intérêt privé.

Mais si des indices de faux ou de falsification résultent de la procédure, il y a un crime , et la société est intéressée à sa répression.

Aussi l'art. 239 dispose-t-il : « S'il résulte de la procédure des indices » de faux ou de falsification , et que les auteurs ou les complices soient » vivants, et la poursuite du crime non éteinte par la prescription d'après » les dispositions du Code Pénal, le président délivrera mandat d'amener » contre les prévenus, et remplira, à cet égard, les fonctions d'officier de » police judiciaire. »

Dès ce moment, il est remis à statuer sur le civil jusqu'après le jugement sur le faux. La loi n'a pas voulu que le jury pût être influencé par la décision déjà intervenue au civil.

Au ministère public appartiennent donc les poursuites, et alors s'engage la procédure en inscription de faux principal.

Soit que l'inscription de faux ait été poursuivie par le ministère public, soit qu'elle l'ait été par la voie du faux incident civil , le résultat est le même ; la pièce arguée de faux sera admise ou rejetée, suivant qu'elle aura été jugée fausse ou sincère.

L'inscription de faux , avons-nous dit, n'est qu'un incident d'une autre procédure ; cet incident vidé, le tribunal civil statue sur le fond de la contestation qui était demeurée en suspens.

La loi, qui n'a pas voulu qu'on pût engager témérairement une action qui peut porter une atteinte grave aux intérêts et à l'honneur d'une personne, punit d'une amende de 300 fr. au moins le demandeur en inscription de faux qui succombe, sans préjudice des dommages et intérêts qui peuvent être dûs au défendeur.

Nous avons vu se manifester , dès le commencement de la procédure, l'intervention au ministère public. Elle ne cesse qu'à la fin de cette procédure.

Ainsi aucune transaction ne pourra intervenir ou être acceptée qu'autant qu'elle aura été homologuée par le tribunal et après avoir été communiquée au ministère public , lequel fera telle réquisition qu'il jugera convenable. Il ne faut pas, en effet, qu'une transaction puisse enlever un coupable à la vindicte publique.

En règle générale , lorsque deux voies existent pour la poursuite d'un acte , on ne peut abandonner celle qu'on avait d'abord choisie pour prendre l'autre , surtout lorsque celle-ci est plus rigoureuse.

L'art. 250 établit cependant une exception à cette règle , en permettant à celui qui avait choisi la voie de l'inscription de faux incident, d'adopter ensuite l'inscription en faux principal.

QUESTIONS.

En cas de faux incident, l'action civile peut-elle être cumulée avec l'action criminelle ? Quelle est la première de ces actions qui doit être intentée ?

Droit Criminel.

Du concours de plusieurs crimes ou délits et de la non-cumulation des peines.

Dans l'ancienne Jurisprudence Française l'accusé, convaincu de plusieurs crimes dont chacun méritait une peine particulière, devait être puni d'autant de peines qu'il y avait de délits différents ; en effet, d'après les légistes de cette époque, un délit ne pouvait diminuer la peine d'un autre. On retrouve dans cette législation l'influence de la loi Romaine ; nous voyons, en effet, que dans son chapitre *de privatis delictis*, Ulpien professe une doctrine analogue et non-seulement à l'égard des délits de différentes espèces, commis après un intervalle, mais même à l'égard de ceux de différentes natures commis en même temps.

Avant le Code de 1808 , aucune loi n'avait proclamé d'une manière absolue le principe du non-cumul des peines. Plusieurs lois transitoires en avaient fait l'application , mais sans la rendre générale (Lois de 1791, Code du 3 brumaire).

Il est ainsi formulé dans l'article 375 du Code d'Instruction Criminelle : « En cas de conviction de plusieurs crimes ou délits , la peine la plus » forte sera seule prononcée. »

En adoptant ce principe , le législateur de 1808 n'a pas cédé seulement à des sentiments honorables d'indulgence et d'humanité, il n'a pas voulu que des peines succédant les unes aux autres , puissent remplir la vie entière du coupable et atteindre ainsi une pénalité réservée aux plus grands crimes. Il a apprécié aussi l'application des peines au point de vue de la prévention , par la crainte. Il a pensé que lorsque la peine la plus forte est appliquée à celui qui en a mérité plusieurs, cette peine sera capable de prévenir les délits moins graves dont le coupable est aussi convaincu.

Le principe du non-cumul des peines s'applique aussi-bien aux amendes qu'aux peines corporelles , puisque la disposition de l'art. 365 est générale et que l'amende est une peine.

En consacrant le principe que tous les crimes et délits sont expiés par la peine la plus forte que l'un d'eux a méritée, le législateur n'a pas entendu encourager le crime par l'appât de l'impunité. Les dispositions de l'art. 365 ne s'appliquent donc qu'aux crimes ou délits antérieurs à la condamnation prononcée.

Cependant cet article serait encore applicable si les délits ou crimes avaient été commis avant que la première condamnation fût devenue définitive. En effet, il n'y a pas réellement de condamnation tant qu'il peut se faire qu'elle n'existera pas et que d'autre part l'existence de cette condamnation gràcie tous les crimes ou délits antérieurs.

L'art. 365 ne faisant pas de distinction, tous les crimes ou délits antérieurs à la condamnation , sont expiés par cette dernière , alors même que leur existence serait ignorée.

Des termes de l'art. 365 , il semblerait résulter que le non-cumul des peines n'est applicable que lorsque la conviction est acquise dans un même débat. Il n'en est pas ainsi. Le principe de la non-cumulation des peines étant général et absolu , doit régir tous les cas qui ne se trouveront pas spécialement exceptés. D'ailleurs, dans l'interprétation des lois pénales, on doit toujours adopter celle qui peut être la plus favorable à l'accusé.

Il est bon de remarquer que si le cumul des peines est prohibé, ce n'est qu'autant que la première condamnation aura atteint le maximum de la pénalité.

Si donc un crime ou un délit existait à l'époque de la première condamnation et n'avait pas fait l'objet du jugement prononcé contre le coupable, une nouvelle condamnation pourra frapper celui-ci dans la proportion de la différence existant entre la première condamnation et le maximum de la peine dont la loi punit le fait nouvellement découvert.

Si ce fait était puni d'une peine moindre que celle qui était attachée au fait qui a été suivi d'une première condamnation, le coupable ne pourrait être évidemment poursuivi, sous prétexte que la première condamnation n'a pas épuisé le maximum de la peine.

Les peines variant avec les crimes qu'elles sont destinées à punir, il est indispensable de déterminer pour la fixation du maximum le rang qu'elles occupent dans l'échelle de la répression et comment elles doivent être appréciées quand elles sont de nature différente.

Il importerait peu que la surveillance de la police, par exemple, fût attachée à la plus légère ; la plus grave serait accompagnée de cette peine accessoire , alors même qu'il n'en aurait pas été ainsi si cette peine eût été seule applicable.

Il est admis sans contestation que le non-cumul s'applique aux délits qui sont de la compétence des tribunaux correctionnels. Que doit-on penser de cette question pour ce qui concerne les contraventions ?

Le mot ne se trouve pas énoncé dans l'art. 365, on n'y parle, comme

nous l'avons vu, que des crimes ou délits ; d'un autre côté le peu de
gravité des peines qui sont attachées à cet ordre de violation de la loi ,
rendra facile à comprendre que le non-cumul des peines est étranger
aux contraventions.

Cette Thèse sera soutenue, en séance publique, dans une des salles
de la Faculté, le 10 mai 1858.

Vu par le Président de la Thèse ,

CHAUVEAU-ADOLPHE.

Toulouse, Imp. Troyes Ouvriers Réunis, rue Saint-Pantaléon, 3.

www.ingramcontent.com/pod-product-compliance
Ingram Content Group UK Ltd.
Pitfield, Milton Keynes, MK11 3LW, UK
UKHW020101100726
13658UKWH00004B/1905